LA PIE VOLEUSE,

OPÉRA EN TROIS ACTES,

D'APRÈS LE DRAME DE MM. CAIGNIEZ ET D'AUBIGNY,
ET L'OPÉRA ITALIEN,

PAROLES AJUSTÉES SUR LA MUSIQUE DE ROSSINI;

PAR M. CASTIL-BLAZE,

REPRÉSENTÉ POUR LA PREMIÈRE FOIS A LILLE, PAR LES COMÉDIENS SOUS LA DIRECTION DE M. BRANCHU, LE 15 OCTOBRE 1822.

N°. 6 du Répertoire de M. CASTIL-BLAZE.

PARIS,
CASTIL-BLAZE, RUE FEYDEAU, N°. 25;
BARBA, LIBRAIRE, PALAIS-ROYAL.

1822.

PERSONNAGES. ACTEURS.

PERSONNAGES.	ACTEURS.
FABRICE VALLON, riche fermier, 2e *basse*.	M. ROSAMBEAU.
PHILIPPE, son fils, militaire, cavalier, 1er *ténor*.	M. BOUZIGUES.
FERDINAND VILLEBELLE, soldat du régiment de Champagne 1re *basse*.	M. DUPORT.
LE BAILLI de Palaiseau, 1er *bariton*.	M. WELCH.
JACOB, Juif, marchand forain, 2e *ténor*.	M. AUGUSTE.
BERTRAND, geolier.	
LE GREFFIER du baillage.	
CLAUDINE, femme de Fabrice, *contralte*.	Mme. THÉODORE.
NINETTE, servante de la ferme de Fabrice, 1re *dame*.	Mme. DELANOUE.
PETIT-JACQUES, filleul de Claudine, 2e *dame*.	Mme. BOYER.

Une Pie.
Un Soldat du régiment de Ferdinand.
Paysans, Paysannes, Gendarmes.

La Scène est à Palaiseau.

IMPRIMERIE DE HOCQUET.

LA PIE VOLEUSE,

OPÉRA EN TROIS ACTES.

ACTE PREMIER.

Le théâtre représente la cour de la ferme de Fabrice; à droite des spectateurs est l'entrée de la maison; des arbres forment, à gauche, un épais couvert; une cage renfermant une pie est attachée à l'une de leurs branches. On arrive par une porte rustique placée au centre de la haie qui sert de clôture à la cour; au-delà de la haie est une colline, et la campagne dans l'éloignement.

SCÈNE PREMIÈRE.

JACQUES *sort de la maison;* PAYSANS et PAYSANNES *qui arrivent par le chemin situé, à droite, entre la maison et la colline, ou qui descendent la colline. Jacques va à la grille, et du geste appelle les paysans.*

INTRODUCTION.

CHOEUR.

Livrons-nous à l'allégresse,
O plaisir! ô douce ivresse!
Célébrons cet heureux jour.

JACQUES.

Le calme succède à l'orage,
Après avoir signalé son courage,
Notre maître, en ce village,
Vient retrouver notre amour.

CHOEUR.

Ah ! reviens dans ce village,
Viens retrouver notre amour,
Célébrons cet heureux jour.

LA PIE.

Jacques ! Jacques !

JACQUES.

Qui m'appelle ?

CHOEUR.

Je n'en sais rien.

LA PIE.

Jacques !

JACQUES.

Encor.

CHOEUR.

Je le vois bien.

Plusieurs paysans montrent la Pie à Jacques.

JACQUES.

Laisse-moi, maudite Pie,
De ton bec je me défie.

LA PIE.

Jacques ! Jacques !

CHOEUR, *riant.*

Ah ! ah ! ah ! ah !

JACQUES, *à la Pie.*

Tais-toi, tais-toi.
Sotte bête, laisse-moi.

SCÈNE II.

Les Précédens, CLAUDINE.

L'orchestre annonce l'entrée de Claudine; Jacques fait signe aux paysans de modérer leur joie bruyante. Claudine paraît, portant un panier de linge de table; tout le monde la salue; elle s'avance sur la scène, suivie de plusieurs valets.

CLAUDINE, *aux valets.*

J'ordonne, je presse,
Ma peine se perd.
Aurai-je sans cesse
Sur vous l'œil ouvert ?

Allons, sous le feuillage
Mettez le couvert.
Ne tardez pas davantage,
De mon fils aujourd'hui nous fêtons le retour.
Ma peine cruelle,
Ma crainte mortelle
Finit en ce jour.

CHOEUR.

Sa peine cruelle,
Sa crainte mortelle,
Finit en ce jour.

CLAUDINE.

Eh ! Ninette !.... lorsque j'appelle.
Eh quoi ? personne ne répond ?
Et mon mari que fait-il ?... le sait-on ?

CHOEUR.

Le voilà !

SCENE III.

Les Précédens, FABRICE.

Fabrice entre par la gauche; il tient une bouteille de chaque main; deux valets, portant des paniers de bouteilles, le suivent. En entrant sur la scène, il remet ses deux bouteilles à un paysan.

FABRICE, *à Claudine.*

Près de toi, ma chère amie,
Je viens conduit par la gaité.
Je veux passer ma vie
Avec Bacchus et la Folie,
Son nectar, cette liqueur si jolie,
Dans le cœur porte la joie et la santé.

TOUS.

Vive ! vive la bouteille !
Oui, Bacchus et sa liqueur vermeille,
Dans le cœur portent la joie et la santé.

CLAUDINE, *à Fabrice.*

Voici le terme du voyage,
Mon fils est près d'arriver.

FABRICE.

Et déjà, pour le fixer,
Je songe à son mariage.

CLAUDINE.

Ah ! ce soin m'est destiné,
Auprès de toi je le réclame,

Et je veux lui choisir une femme.
Je prétends qu'il épouse....

LA PIE.

Ninette.

FABRICE.

Ah ! la Pie a deviné.

CLAUDINE.

Nous verrons.

FABRICE *caresse la Pie qui lui mord le doigt.*

Ahi ! comme elle mord, la traîtresse.

CLAUDINE.

C'est bien fait.

FABRICE.

Elle a pourtant deviné.

CHOEUR.

Ah ! pour nous quelle allégresse,
Si la Pie a deviné.

FABRICE.

Mon fils vient, que la table s'apprête,
Près de toi, près de moi, quelle fête !
En buvant il va me tenir tête,
Il va nous conter ses exploits.

TOUS.

Nous l'entendrons raconter son histoire ;
Chacun assis et toujours prêt à boire,
Pour rendre hommage à tant de gloire
Applaudira du verre et de la voix.

Les paysans, les paysannes et les valets se retirent. Jacques achève de mettre le couvert pendant le dialogue suivant.

SCÈNE IV.

FABRICE, CLAUDINE, JACQUES.

FABRICE.

Eh bien! not'femme, tout est-il prêt? n'as-tu rien oublié?

CLAUDINE.

Oublié, oublié!.... c'est bon pour des ahuris comme vous d'oublier quelque chose. ah! pardi, tout irait joliment dans la maison, si je n'avais pas l'œil à tout.

FABRICE.

Oh ça, ma chère Claudine, faut convenir qu'pour l'activité, l'adresse, la vigilance, tu n'as point ta pareille dans Palaiseau. Il ne t'manque, vois-tu, que d'avoir l'humeur un peu plus...

CLAUDINE.

Hein?

FABRICE.

J'veux dire un peu moins...

CLAUDINE.

Un peu plus, un peu moins : vous êtes un sot, M. Vallon.

FABRICE.

Merci, femme.

CLAUDINE.

Cet autre qui va parler de mon humeur! je te défie bien de trouver dans une femme plus de douceur, de patience, de... (*A Jacques qui rit*). Eh bien! que fais-tu là, toi. Je te conseille de rire au lieu de... où est Ninette?

JACQUES.

Ma marraine, Ninette ne s'amuse pas, allez. Depuis une heure elle cueille des fraises sur la colline.

CLAUDINE.

C'est encore une belle mijaurée que votre Ninette.

FABRICE.

Ah! not'femme, tu ne rends pas justice à c'te brave et honnête fille.

CLAUDINE.

C'te brave et honnête fille peut se passer de mes éloges; c'est assez pour elle de ceux qu'elle entend ici toute la journée.

FABRICE.

Ah çà, depuis deux ans qu'elle est avec nous, as-tu à te plaindre d'elle? n'est-elle pas d'une exactitude, d'une douceur...

CLAUDINE.

A la bonne heure; mais on lui dit trop qu'elle est gentille. C'est toujours la belle Ninette par-ci, la charmante Ninette par-là; il n'y a pas jusqu'à M. le Bailli... je crois, Dieu me le pardonne, que ce vieux fou en est sérieusement amoureux.

FABRICE.

Je le crois aussi, moi.

CLAUDINE.

C'est que tout ça, vois-tu, Fabrice, ça finira par lui donner un orgueil qui ne lui convient pas du tout. C'est une bonne travailleuse et non pas une demoiselle qu'il faut dans une ferme. *Jacques sort.*

FABRICE.

Écoute donc, femme. Elle n'est pas non plus ici comme

servante. Ninette est d'une honnête famille ; elle a reçu de l'éducation ; son père, M. Villebelle, est fils de riches fermiers comme nous. Si ce pauvre Ferdinand a eu des malheurs, et s'il a été obligé de se faire soldat, après la mort de sa femme, est-ce la faute de sa fille ?

CLAUDINE.

Eh bien, oui ; je suis d'accord de tout ça.

FABRICE, *tirant sa montre.*

V'là qu'il s'en va onze heures et demie, et notre fils nous écrit qu'il arrivera à midi.

CLAUDINE.

En ce cas, je vas là-bas jeter un coup-d'œil, et je reviendrai te prendre. Nous monterons cette colline pour embrasser Philippe un quart d'heure plutôt.

(*Elle rentre dans la maison*).

FABRICE.

Excellente idée ! moi, je vas au jardin cueillir les plus beaux fruits. (*Il sort par la gauche*).

SCENE V.

NINETTE *descend rapidement la colline, et entre dans la cour. Elle porte un petit panier de fraises.*

CAVATINE.

Ah ! j'éprouve en ce moment
Du bonheur l'aimable ivresse ;
Ce jour rend à ma tendresse
Et mon père et mon amant.
Sur son cœur l'un me pressera,
Dans mes bras l'autre volera.
Tendre amour, je t'implore !
Mon âme s'abandonne à toi.
Fais que celui que j'adore
M'ait gardé son cœur et sa foi.
Ah ! j'éprouve, etc.
Une journée
Si fortunée
Est destinée
Aux doux plaisirs.
Non, plus de peines, plus de tristesse,
Ce jour les rend à ma tendresse,
Tout vient sourire à mes désirs.

SCÈNE VI.

FABRICE, NINETTE.

NINETTE.

Bonjour, M. Fabrice.

FABRICE, *apportant des fruits.*

Ah! te voilà, Ninette. (*Regardant le panier de fraises de Ninette*). Ah! quelles sont belles! (*Montrant ses fruits*). Moi, v'là ce que j'apporte. Eh bien! mon fils, mon cher Philippe, va arriver... cela ne te fait pas d'peine, n'est-ce pas?

NINETTE.

Oh! non... certainement, j'en suis... M. Philippe est si aimable! qui est-ce qui ne s'intéresserait pas à lui? un si bon fils, un homme si doux, si honnête! c'est tout votre portrait, M. Fabrice.

FABRICE.

Un peu flatté peut-être. Mais, puisque c'est par amitié pour moi que mon portrait t'intéresse si fort, j'ai presque envie de t'en faire cadeau.

NINETTE.

Quoi... monsieur... vous sauriez...

FABRICE.

Oui, ma chère Ninette, Philippe n'a rien de caché pour son père. Tu es une bonne fille; ton père est pauvre, mais c'est un brave homme qui n'peut qu'faire honneur à celui... je ne t'en dis pas davantage.

NINETTE.

Oh mon dieu! je ne sais pas si j'ai bien entendu. Mais... madame Vallon...

FABRICE.

Nous la laisserons crier d'abord. Que veux-tu, c'est son plaisir; elle tomberait malade, si elle ne criait pas. Mais, au fond, elle n'est pas méchante. Espère, espère, ma petite. Nous arrangerons tout cela.

NINETTE.

Ah! monsieur, tant de bontés...

SCENE VII.

CLAUDINE, FABRICE, NINETTE, ensuite JACQUES.

CLAUDINE, *apportant un panier d'argenterie.*

Allons, Fabrice, quand tu voudras.

FABBICE.

Tout de suite, ma chère Claudine.

CLAUDINE.

Ah çà, Ninette, je n'ai pas besoin de vous recommânder ce panier.

NINETTE, *prenant le panier.*

Non, non, madame; j'ai trop d'intérêt...

CLAUDINE.

Prenez bien garde; n'allez pas encore... que ce ne soit pas comme à la fête de M. Vallon, il y a quinze jours, où une fourchette a été perdue.

NINETTE.

Oh! soyez tranquille, madame, j'y veillerai si bien.... allez, cette maudite fourchette m'a causé plus de chagrin qu'à vous. J'en ai bien pleuré.

JACQUES.

L'avons-nous cherchée long-temps c't'ensorcelée fourchette? il faut que le diable l'ait emportée.

FABRICE.

Eh! mon dieu, c'est un petit malheur. Elle est égarée; ne v'là t-il pas une grosse perte! Mais, je t'en prie, Claudine, qu'il n'en soit plus question. Sans reproche, tu nous en as rebattu les oreilles pendant plus de huit jours. C'est nous l'avoir fait assez payer, j'espère.

CLAUDINE.

Eh bien, est-ce que tu m'en entends parler encore? il y a bien long-temps que je n'y pense plus.

FABRICE.

Ninette, nous allons au-devant de Philippe.

JACQUES.

Au-devant de M. Philippe; j'y cours aussi, moi.

(*Il dépose quelque chose qu'il apporte, sort et grimpe la colline en courant*).

FABRICE.

Au revoir, mon enfant, sois tranquille; nous...

CLAUDINE, *poussant son mari.*

C'est bon, c'est bon; c'est assez de politesses.

(*Ils sortent et montent la colline*).

SCÈNE VIII.

NINETTE, *mettant le couvert*, JACOB, *à la grille.*

NINETTE.

Ce bon M. Fabrice! il me dit d'espérer.

JACOB.

ARIETTE.

Couteaux, ciseaux fins, dentelles,
Lacets, rubans et padou,
Peignes, canifs, bon amadou,
Fil, aiguilles les plis belles.
Sans plis attendre,
Faut acheter,
Echanger, fendre,
Ou brocanter.

NINETTE.

On n'a besoin de rien ici, brave homme. M. et madame Vallon sont sortis.

JACOB.

Mais fous, matémiselle, foyez, foyez les pien cholies choses qué jé apporte tout noufeau de Paris.

NINETTE.

Laissez-moi, je ne veux rien acheter aujourd'hui.

JACOB.

Pas fâchir, pas fâchir, matémiselle. Li être pour une autre fois : ché prie à fous dé tire à monsié et à montaime Fallon que trouvir moi jusqu'à demain dans lé auberge de la Chifal-Planc, si eux il avre bisoin dé ma petite négoce...

NINETTE.

C'est bon, je le dirai.

JACOB.

Pon chour, graciése et chantille matémiselle. (*Il s'éloigne*). Couteaux, ciseaux fins, etc.

NINETTE.

J'ai envoyé dernièrement à mon père tout l'argent de mes petites épargnes. Pourquoi n'ai-je pas pu lui en envoyer davantage. (*On entend des violons*).

SCÈNE IX.

NINETTE, JACQUES, PHILIPPE, FABRICE, CLAUDINE, Villageois.

NINETTE.

Quels sons se font entendre !

CHOEUR *en dehors.*

Soyez le bien venu !

JACQUES, *accourant.*

C'est Philippe.

NINETTE.

A ce nom mon cœur bat et palpite,
Quel transport soudain l'agite.

JACQUES, *aux Villageois qui arrivent par la droite.*

C'est Philippe, venez vite,

Je l'ai bien reconnu.

CHOEUR, *sur le théâtre.*

Soyez le bien venu.
Le ciel prospère
Vous rend aux vœux d'un père,
Auprès de nous restez toujours.

Philippe arrive avec son père, sa mère et le chœur, au moment où il aperçoit Ninette; il s'élance, accourt, et se trouve à la grille en même temps que Ninette y arrive pour le recevoir.

PHILIPPE, *à Ninette qu'il amène sur le devant de la scène.*

J'unis dans une ivresse pure,
Aux sentimens de la nature,
Le doux plaisir de revoir mes amours.

NINETTE.

Hélas, mon âme inquiète
Sans cesse craignait pour vos jours.
Pensiez-vous à Ninette?

PHILIPPE.

A toi je pensais toujours.

CHOEUR GÉNÉRAL.

Le ciel prospère,
Vous rend aux vœux d'un père,
Auprès de nous restez toujours.

FABRICE.

Allons, allons, à table; Philippe doit avoir gagné de l'appétit en marchant; v'là ta place à côté de ta mère; toi, Ninette, ici. Si M. le Bailli vient, i s'mettra là. (*A des paysans qui sont là*). Allons, M. le Syndic, et vous, compère Thomas, à table. P'tit-Jacques, aie bien soin...

JACQUES.

Soyez tranquille, parrain, tout ira bien. (*Montrant les ménétriers qui boivent*). T'nez, voyez-vous ces violoneux qui se r'cordent.

FABRICE.

Buvez, chantez, dansez, mes amis. — A ta santé, Philippe. Allons, mes enfans; vive la joie!

Jacques verse à boire à tous les paysans qui ne sont point à table, et chante, le verre à la main, le couplet suivant dont le chœur répète le refrain.

AIR ET CHŒUR.

Chacun fera connaître
Son zèle en ce beau jour,
A notre jeune maître
Donnons une preuve d'amour.
Il faut chanter et boire
Jusqu'à la fin du jour.
Amis, chantons sa gloire,
Buvons à son retour.

(*Après ce chœur, on se lève de table.*)

FABRICE.

C'est bien, c'est bien, amis. A présent, faites-moi l'plaisir de passer dans not'clos, là bas, sous les pommiers, où vous pouvez continuer vos jeux. P'tit-Jacques, emporte les gobelets et les brocs. Quand i's'ront vides, tu sais où est la source.

JACQUES.

C'est dit, parrain. Allons, suivez-moi, tout le monde.

(*Il sort avec les villageois et les ménétriers*).

PHILIPPE.

Mon père, avant qu'il soit nuit, je cours embrasser mon oncle.

FABRICE.

Bien, mon fils; je suis sûr qu'en te revoyant, l'cher frère ne sentira pas sa goutte; mais nous allons avec toi, n'est-ce pas, not'femme?

CLAUDINE.

Pardi, je le veux bien. Ninette, tu vas rester, ma fille. Tu sais ce que tu as à faire.

NINETTE.

Soyez tranquille, madame.

PHILIPPE.

Nous ne serons pas long-tems absens.

NINETTE.

Au revoir, monsieur Philippe.

FABRICE.

Mon bras, femme.

CLAUDINE.

Va te promener. (*prenant le bras de son fils.*) Le voilà, le bras que je ne veux pas quitter de la soirée.

Fabrice, sa femme et leur fils sortent par la porte du fond. Tandis qu'ils s'éloignent par le bas, Ferdinand paraît sur la colline, il la descend en regardant sans cesse autour de lui.

SCÈNE X.

NINETTE, ensuite FERDINAND.

NINETTE.

Dépêchons-nous de ranger cette argenterie, pour que madame Vallon ne dise plus.... (*Elle ramasse les couverts sur un des côtés de la table et paraît les compter.*) Que je l'aime ce cher M. Philippe!

FERDINAND, *couvert d'une mauvaise redingotte, sous laquelle est une veste d'uniforme, son chapeau rabattu sur ses yeux, entre en hésitant.*

C'est bien ici la ferme.

NINETTE, *le dos tourné du côté de Ferdinand.*

C'est bon, le compte y est.

FERDINAND.

O ciel! n'est-ce pas là ma fille? si je pouvais lui parler sans témoins.

NINETTE, *commençant à mettre l'argenterie dans le panier.*

Oh! c'est un charmant jeune homme!

FERDINAND.

C'est elle!

NINETTE, *mettant les couverts dans le panier.*

Et tout à l'heure, à cette table, comme il me jurait tout bas de faire mon bonheur.

FERDINAND.

Son bonheur! pauvre enfant, et je viens.... (*Se cachant le visage dans ses mains.*) O dieu!

NINETTE, *se retournant effrayée.*

Ah! quel est cet homme? on dirait qu'il pleure. (*s'approchant timidement.*) Monsieur... puis-je savoir?...

FERDINAND, *se découvrant et avec douleur.*

Chère enfant!

NINETTE, *avec éclat.*

Mon père! (*Elle rejette sur la table le dernier couvert qu'elle allait mettre dans le panier, et se précipite au cou de son père.*) C'est vous, mon père! Ah! que je suis heureuse!

FERDINAND.

Chut! ma fille, parlons bas.

NINETTE.

Ah! mon dieu! pourquoi donc?

FERDINAND.

Apprends le plus affreux malheur. Hier au soir, notre régiment arrive à Paris je demande une permission de deux jours pour venir t'embrasser, mon capitaine me la refuse. J'insiste, il me répond durement; j'ose lui reprocher vivement sa cruauté; alors, irrité de mon audace: misérable, s'écrie-t-il en levant sa canne sur moi! outré de fureur à cet affront sanglant, je tire mon sabre, et j'allais frapper peut-être, si des camarades ne s'étaient empressés de me retenir.

NINETTE.

Eh bien, mon père?

FERDINAND.

Tu vas frémir quand tu sauras que cette énorme faute est un crime que les lois militaires punissent de mort.

NINETTE.

Grand dieu!

FERDINAND.

Grâce à quelques amis j'ai pu me soustraire aux poursuites ordonnées contre moi. Avec ce qui me restait de l'argent que tu m'as envoyé, chère enfant, j'ai fait acheter ce vêtement qui me déguise; et ce matin, au point du jour, j'ai quitté Paris pour venir t'embrasser avant de fuir pour jamais le pays qui m'a vu naître.

DUO.

NINETTE.

O funeste imprudence !
Tu viens me glacer d'horreur,
D'un tel délit j'ignorais l'importance,
Mais pourtant la douce espérance
Vient encor rassurer mon cœur.

FERDINAND.

Non, non il n'est plus d'espérance,
Hélas quel sort affreux !
D'un tel délit je connais l'importance,
O funeste imprudence !
Et ma seule espérance,
Est de m'exiler de ces lieux.

Ensemble.

Ciel ! accorde à nos larmes,
La fin de nos alarmes,
La fin de nos malheurs.

FERDINAND.

Ecoute-moi.

NINETTE.

Parlez, mon père.

FERDINAND.

Troublé par de justes frayeurs,
J'oubliais... (*Le Bailli paraît sur la colline.*)

NINETTE.

Le Bailli ! paix ! asseyez-vous, mon père.

FERDINAND.

Je suis perdu.

NINETTE.

Cachez ce vêtement.

FERDINAND.

S'il me découvre, ô ciel que faire !

Ensemble.

Sort affreux ! cruel tourment !
O trouble, ô crainte mortelle !
J'éprouve une peine nouvelle,
Grand Dieu ! viens calmer mon effroi.

FERDINAND.

L'orage s'apprête,
Il menace ma tête,
Il va fondre sur moi.

NINETTE.

L'orage s'apprête,
Il menace sa tête,
Ah grand Dieu quel effroi!

Ensemble.

O trouble, ô crainte mortelle!
J'éprouve une peine nouvelle,
Grand Dieu! viens calmer mon effroi.

Ferdinand ferme sa redingotte et se place au bout le plus éloigné de la table, Ninette entre dans la maison.

SCÈNE XI

LE BAILLI, FERDINAND.

LE BAILLI.

AIR.

Tout mon plan est dans ma tête,
Le succès est assuré.
Mes vœux, d'abord on les rejette,
Et vainement j'ai soupiré.
(*Imitant la voix de femme.*)
Ah! monsieur, laissez-moi... laissez-moi, je vous prie.
(*Voix ordinaire.*)
D'une femme jeune et jolie,
Doit-on craindre la rigueur?
Mais bientôt à mon discours elle se fie,
Et je vois cette douce amie,
Enfin sourire à mon ardeur.
Tout mon plan est dans ma tête,
Mon projet réussira.
L'Amour te guette,
Seule, seulette.
L'Amour ici te trouvera;
Oui, ma Ninette
S'attendrira.

Et puis sensible à mon cruel martyre,
En partageant l'amour qu'elle m'inspire,
Mettra le comble à ma félicité.
J'en perds la tête en vérité.

SCÈNE XII.

LE BAILLI, FERDINAND, NINETTE, *portant une bouteille et un verre.*

NINETTE, *à son père, lui versant du vin.*

Allons, mon brave homme, prenez ce verre de vin. Cela vous remettra le cœur et vous pourrez continuer votre route.

LE BAILLI, *apercevant Ninette.*

Bon! là voilà. (*Il s'approche d'elle.*) Bonjour, bonjour, ma belle enfant.

NINETTE.

Votre servante, M. le Bailli.

LE BAILLI.

Quel est donc cet homme?

NINETTE.

Oh! c'est un pauvre voyageur, qui vous aurait fait pitié, quand il est entré; à peine pouvait-il se soutenir. Je l'ai invité à se reposer et je lui ai donné à boire.

LE BAILLI.

C'est bien, très-bien, mon enfant, toujours charitable, compâtissante; donner à boire à qui a soif, c'est suivre un des premiers préceptes.. (*Lui prenant la main.*) Eh, eh, eh! j'ai aussi une bien grande soif, ma petite amie, si vous vouliez de même...

NINETTE, *allant vers la table.*

Eh! que ne parliez-vous, M. le Bailli, je vais...

LE BAILLI, *la retenant.*

Non, non, ce n'est pas du vin qu'il me faut.

NINETTE.

Eh bien, de l'eau?

LE BAILLI.

Encore moins, maligne. Vous ne voulez pas me comprendre. La soif qui me tourmente... (*Ninette, sans vouloir l'écouter, retourne à son père.*) Ne l'effarouchons pas d'abord.

NINETTE, *allant à Ferdinand.*

Eh bien, l'avez-vous trouvé bon ? (*Bas.*) Feignez de dormir. (*revenant au Bailli.*) Vous désirez sans doute parler à M. et à Mme Vallon ; ils viennent de sortir avec M. Philippe.

LE BAILLI.

N'importe, ils rentreront et je ne suis pas pressé.

Ferdinand s'arrange pour avoir l'air de dormir ; il relève de temps en temps la tête pour observer ce qui se passe.

NINETTE.

Pardon, M. le Bailli, je ne peux pas vous tenir compagnie, il faut que j'aille et vienne. Vous voyez bien que tout est encore en désordre sur cette table ; ainsi, croyez-moi, ayez la complaisance...

LE BAILLI.

Non, poulette ; je n'aurai pas la complaisance de laisser échapper l'occasion de... Mais cet homme va-t-il rester là un siècle? Vous devriez...

NINETTE.

Vous ne voyez donc pas qu'il s'est endormi. Laissez, laissez, il en a tant besoin !

LE BAILLI, *à lui même.*

S'il dort, à la bonne heure. (*A Ninette.*) Ma chère Ninette, il y a bien long-tems que je guette le moment de vous trouver seule, pour vous exprimer.... Allons ne vous fâchez pas *Ferdinand relève la tête.*

NINETTE.

Vous devez savoir, monsieur, que ces discours-là me déplaisent.

LE BAILLI.

Petite rusée! ces jeunes filles ! voilà toujours leur réponse. Eh ! eh! avoue-le moi, friponne, ton petit amour-propre triomphe de voir qu'un Bailli même n'a pu résister à tes charmes; oui, belle Ninette, je t'aime, je t'adore, je....

Georget vient se placer entre Ninette et le Bailli, au moment où celui-ci veut embrasser Ninette.

SCENE XIII.

NINETTE, GEORGET, LE BAILLI.

LE BAILLI, *à part.*

Au diable l'importun!

GEORGET.

M. le Bailli, votre greffier vous envoie ce paquet; c'est très-pressé, dit-il.

LE BAILLI.

Ah! ah! qui l'a apporté?

GEORGET.

Un cavalier de maréchaussée.

FERDINAND, *à part, avec effroi.*

De maréchaussée!

LE BAILLI.

Georget, donne-moi un siège et laisse-nous. Voyons ce que c'est.

SCENE XIV.

LE BAILLI, NINETTE, FERDINAND.

Le Bailli s'assied à droite sur l'avant-scène, il ouvre le paquet, tire de sa poche un portefeuille dans lequel il cherche ses lunettes, et s'impatiente de ne pas les trouver. Ninette parle à son père pendant ce jeu muet.

NINETTE.

Vous l'avez entendu. Je tremble, sauvez-vous, sauvez-vous pendant qu'il lit.

FERDINAND.

Mais, sans argent.

NINETTE.

O ciel!

FERDINAND.

Écoute, prends ce couvert.... Hélas! c'est tout ce que je possède encore. Tâche de le vendre dans la journée; mais bien secrètement surtout; j'ai remarqué derrière la colline, un vieux saule que le temps a creusé.

NINETTE.

Je le connais.

LE BAILLI, *à lui même.*

Où sont donc mes lunettes?

Il continue de chercher.

FERDINAND.

Je vais passer la nuit dans le bois, fais en sorte que ce soir je trouve l'argent dans le vieux saule.

NINETTE.

Attendez... (*A elle-même.*) Ce juif qui est venu tantôt.

LE BAILLI, *à lui-même.*

Voyons si je pourrais sans cela...

Il essaie de lire.

NINETTE.

Oui, je crois qu'il me sera possible.

FERDINAND *embrasse sa fille.*

Adieu, chère enfant, puisse ce baiser n'être pas le dernier que te donnera ton malheureux père.

LE BAILLI, *se levant.*

Ninette!

NINETTE, *à part.*

Juste ciel!

LE BAILLI, *à Ferdinand qui allait pour sortir.*

Eh! l'ami, demeurez. (*A part.*) Ceci m'a l'air du signalement de quelque déserteur, il se pourrait...

FERDINAND, *à part.*

Je frissonne.

NINETTE, *bas à son père.*

Tenez-vous à l'écart.

LE BAILLI, *cherchant à lire encore le papier en le tenant loin de ses yeux.*

» Soldat... Ferdinand. »

NINETTE et FERDINAND, *à part.*

O ciel!

LE BAILLI.

C'est décidé, je ne peux plus lire sans lunettes. Tenez, ma chère Ninette, puisque je vous trouve là, faites-moi le plaisir de lire ceci.

NINETTE.

Moi?

LE BAILLI.

Oui, lisez, je vous en prie,

NINETTE, *à part, prenant le papier en tremblant.*

Voyons si tout espoir est détruit. (*Lisant.*) » M. le Bailli,
» je vous adresse le signalement d'un soldat du régiment de
» Champagne... (*D'une voix altérée.*) Condamné à mort ce
» matin, par le conseil de guerre. »

FERDINAND, *à part.*

J'en étais sûr.

NINETTE, *lisant.*

» Il se nomme... »

Elle pleure.

LE BAILLI.

Bagatelle que cela. Ah! parbleu, s'il fallait s'appitoyer ainsi sur chaque... Continuez, continuez. (*A part.*) Elle est charmante avec son petit air attendri!

NINETTE, *à part.*

Oh! mon dieu! tout serait perdu si je lisais ceci: quarante deux ans, cinq pieds deux pouces....

LE BAILLI.

Eh bien! est-ce que vous ne pouvez pas lire?

FERDINAND, *à part.*

Pauvre enfant!

NINETTE.

L'écriture est si mauvaise...

LE BAILLI.

Comment donc? elle m'a paru superbe. (*Cherchant encore dans ses poches.*) Si mes lunettes...

NINETTE, *vivement.*

Permettez. (*A part.*) Le Ciel m'inspire peut-être. (*Haut en lisant.*) il se nomme Fer... Fer...

LE BAILLI.

[illegible]. Arès?

NINETTE.

Ferdinand Vill.... Villefort, âge, vingt-quatre ans.

LE BAILLI.

Ah! ah! c'est un jeune homme!

NINETTE.

Taille, cinq pieds... (*Appuyant.*) Onze pouces.

LE BAILLI, *surpris, laisse échapper une prise de tabac qu'il portait à son nez.*

Diable! c'est dommage! poursuivez.

NINETTE, *lisant.*

» Yeux bleus, cheveux et sourcils... blonds. »

LE BAILLI.

Eh! mais c'est un Adonis que ce garçon-là!

NINETTE, *lisant.*

» Habit blanc, à parements bleus. (*regardant son père qui a des guêtres noires.*) Guêtres blanches. Ne négligez rien, M.
» le Bailli, pour le faire arrêter, s'il passe dans votre juris-
» diction. »

LE BAILLI, *reprenant le paquet.*

C'est entendu. Voyons donc si par hasard, (*Il s'approche de Ferdinand et lui frappe sur l'épaule.*) L'ami?

NINETTE, *à part.*

Ah! mon dieu!

LE BAILLI.

Approchez. Otez votre chapeau.

NINETTE, *à part.*

Je ne me soutiens plus.

LE BAILLI, *à lui même, après avoir examiné Ferdinand*

Vingt-quatre ans, cinq pieds onze pouces, cheveux blonds. Ah! parbleu je m'adressais bien.

TRIO.

NINETTE, *à part.*

Je respire !

LE BAILLI, *à Ferdinand.*

Partez. (*à Ninette.*) Ma chère !

(*A Ferdinand qui s'approche sous le prétexte d'avoir encore à parler à Ninette.*)

Sur mes pas serez-vous toujours ?

(*Ferdinand va pour sortir et reste dans le fond de la scène.*)

(*A part.*)

Amour, en toi j'espère !
Ecoute ma prière,
Puissant dieu de Cythère,
Prête-moi ton secours.

FERDINAND et NINETTE, *à part.*

O ciel, en toi j'espère !
Ecoute ma prière,
Au plus malheureux père
Accorde ton secours.

Ferdinand sort, mais il est aux aguets derrière la haie, le Bailli voyant qu'il n'est plus dans la cour, s'approche de Ninette.

LE BAILLI, *à part.*

Nous sommes seuls, moment heureux !

(*A Ninette.*)

A vos pieds vous voyez un amant fidelle.
Ah ! cessez d'être cruelle,
Ecoutez mes tendres vœux.

NINETTE.

De votre amour je puis bien me défendre,
Mais je ne saurais vous rendre
Combien il m'est odieux.

Ferdinand rentre dans la cour et reste dans le fond de la scène.

LE BAILLI, *à part.*

Ah ! mon âme est indignée.

FERDINAND, *à part.*

Ah ! mon âme est indignée,
Ma fureur est enchaînée :
Quelle triste destinée
Vient le sauver de mes coups !

LE BAILLI, *à part.*

Je médite ma vengeance,
Et l'on verra quel est l'excès de mon courroux.

FERDINAND et NINETTE, *à part.*

Il médite sa vengeance,
Et je redoute son courroux.
Il faut de la prudence,
En ce moment contraignons-nous.

LE BAILLI, *à part.*

Il faut de la prudence,
Prenons un ton plus doux.

A Ninette.

Ne soyez pas si sévère
Répondez à mon ardeur.

Il la prend par le bras familièrement.

FERDINAND, *au Bailli.*

Quelle honte ! quel déshonneur !
J'ai trop longtemps retenu ma colère.
Un magistrat sexagénaire !
Ah ! vraiment c'est une horreur !
Respectez la jeunesse et l'innocence.

LE BAILLI.

O comble d'impertinence !

NINETTE, *bas à Ferdinand.*

Mon père, de la prudence !

LE BAILLI.

Téméraire !

FERDINAND.

Parlez plus bas.

NINETTE, *bas à Ferdinand.*

Au nom du Ciel, ne vous trahissez pas !

FERDINAND, *bas à Ninette.*

Je t'entends.

LE BAILLI.

Laissez-nous, homme haïssable.

NINETTE, *en se dégageant des mains du Bailli.*

Eloignez-vous, monstre exécrable.

FERDINAND, *à part, en s'en allant.*

Ma fille, je te quitte, hélas en quel moment !

NINETTE, *à part.*

Il s'enfuit, il me quitte, hélas en quel moment !

LE BAILLI, *à part.*

Perfide, crains l'effet de mon ressentiment.

NINETTE, LE BAILLI, FERDINAND, *à part.*

Mon cœur frémit de rage,
Pour moi quel outrage !
Pourrai-je davantage
Retenir ma fureur !

Ferdinand s'enfuit et monte rapidement la colline, le Bailli furieux sort par la droite ; tandis que Ninette envoie les derniers baisers à son père qu'elle voit passer sur le haut de la colline, la pie descend sur la table, enlève une cuiller d'argent et s'envole en traversant le théâtre. Le rideau tombe sur ce tableau.

FIN DU PREMIER ACTE.

ACTE II.

Le théâtre représente une salle de la ferme; au fond, une porte et deux croisées qui donnent sur la rue; on voit un buffet, une table et quelques chaises de paille; sur le buffet est le panier de l'argenterie, et sur la table plusieurs piles d'assiettes, etc. Dans un des coins de la salle est attachée la cage de la pie.

SCÈNE PREMIÈRE.

PHILIPPE, NINETTE.

DUO.

NINETTE.

Philippe, je te vois, je te vois en ces lieux,
Après tant d'alarmes,
Moment plein de charmes,
L'amour te rend à mes vœux.

PHILIPPE.

Ninette ! tendre amie ! ah ! pour moi quel bonheur !
Comme toi de l'absence,
J'éprouvai la rigueur,
La douce espérance
Renait dans mon cœur.

NINETTE.

Toujours auprès de moi.

PHILIPPE.

Toujours auprès de toi.

Ensemble.

Après tant d'alarmes,
Moment plein de charmes !

NINETTE.

Un rival odieux,
Voulait te ravir ma tendresse.

PHILIPPE.

Livre le traitre à mon bras furieux.

NINETTE.

Calme le trouble qui te presse ;
J'ai rejeté sans retour,
Et son hommage et son amour.

Ensemble.

Jamais aucun nuage
Ne troublera mon cœur.
Sous tes lois je m'engage,
Puis-je encor ne pas croire au bonheur ?
Heureux par ta constance,
Toujours te chérir,
Voilà mon espérance,
Voilà mon seul désir.

SCÈNE II.

PHILIPPE, NINETTE, JACQUES.

JACQUES.

M. l'Bailli et M. l'greffier qui viennent vous rendre visite ! ils ont rencontré M. votre père à l'entrée du grand jardin, c'est lui qui m'a dit de vous prévenir.

PHILIPPE.

Il suffit, Petit-Jacques, je vais au-devant de ces messieurs. (*Il sort.*)

JACQUES.

Oh! il a le temps, il sont encore bien loin.

JACOB, *en dehors.*

Couteaux, ciseaux fins, dentelles...

JACQUES, *en s'en allant.*

Encore cet arabe de juif.

SCÈNE III.

NINETTE, JACOB.

NINETTE.

Comme il arrive à propos! (*Elle ouvre la porte qui donne sur la rue.*) Jacob! Jacob!

JACOB.

Ah! c'est vous, Matémiselle.

NINETTE, *tirant de la poche de son tablier le couvert que son père lui a donné.*

Je voudrais vendre ce couvert.

JACOB.

Li être assez légère; ché tonne pourtant quatre pétites écus; ché pouvoir pas plis davantache.

NINETTE.

Douze francs! ce n'est pas le tiers de sa valeur; il faudrait que je l'eusse volé pour cela.

JACOB.

Li être pas mon affaire.

NINETTE.

C'est une indignité.

JACOB.

Eh! pien, ché tonne cinq.

NINETTE.

Allez vous promener.

JACOB.

Ché y fas, Matémiselle. (*Il fait quelques pas.*)

NINETTE, *à part.*

Allons, il faut en finir.

JACOB, *revenant.*

Écoutez, Matémiselle, parce que fous li être cholie, ché tonne six.

NINETTE, *lui tendant le couvert.*

Eh ! bien, prenez.

JACOB.

Méchante, qui fouloir pas moi gagnir ma pauvre fie. (*A part.*) Ché allais tonner sept. (*Il tire trois écus de six francs d'un petit sac.*)

NINETTE, *avec impatience.*

Finissez donc ; il peut venir quelqu'un, et je ne voudrais pas...

JACOB.

C'est chiste, ché comprendre pien. (*Comptant*) Ine, dess et troisse. Foilà, ma pelle, foilà. (*Regardant dans la main de Ninette.*) Li être pien trois grosses écus ?

NINETTE.

Oui, oui, trois écus de six livres. Partez vîte.

SCENE IV.

NINETTE, JACOB, JACQUES *paraissant dans le fond à la fenêtre.*

JACQUES.

Tiens ! qu'est-ce qu'elle fait là ! avec ce...

JACOB.

Ponjour, Matémiselle.

NINETTE, *le poussant.*

Bonjour, bonjour. (*Apercevant Petit-Jacques.*) Ah ! Petit-Jacques, c'est toi ? (*Jacob s'éloigne.*)

SCÈNE V.

NINETTE, JACQUES.

JACQUES, *entrant.*

Queuqu' c'est donc, Mam'selle Ninette ? par queu hasard ?...

NINETTE, *mettant l'argent dans sa poche.*

C'est que j'avais besoin d'argent, et je viens de vendre à cet homme...

JACQUES.

J'entends, queuqu' bijou, queuque...

NINETTE.

Oui, qui ne m'était d'aucune utilité pour le moment.

JACQUES.

J' parie qu' vous li aurez donné ça pour rien ; car ils sont si juifs, ces juifs ! Vous auriez bien mieux fait de m' parler, j' vous en aurais prêté d' l'argent.

NINETTE.

Oh ! mon ami, aurais-je voulu !..

JACQUES.

Laissez donc, est-ce que j' n'ai pas mon boursicot ? je n' sais pas, au juste, c' qu'il y a, parce que c'est encore dans la tire-lire ? mais, pour vous, mam'selle Ninette, j' l'aurions morguenne cassée tout d' suite en mille pièces.

NINETTE.

Je te remercie ; mais, laisse-moi, j'ai tant de choses à faire.

JACQUES.

Et moi donc ! n'ai-je pas aussi... au r'voir, mam'selle Ninette. (*Il sort en courant.*)

NINETTE.

Allons vite déposer cet argent dans le vieux saule.

(*Elle va pour sortir avec précipitation.*)

SCÈNE VI.

FABRICE, PHILIPPE, NINETTE.

FABRICE.

Ah! Ninette, j'te trouvons ici fort à propos : tandis qu'not' femme est arrêtée là-bas à causer avec M. l' Bailli. Écoute, faut que j' convenions ensemble... Eh ! ben, qu'est-ce que tu fais là, à une lieue de nous? ferme c'te porte et approche ici. Allons donc, quitte c'te mine sérieuse, ça n' te va pas, ma fille. (*Leur prenant à chacun un bras qu'il passe sous les siens.*) Écoutez, écoutez, que j' vous dise... il nous faut dès aujourd'hui attaquer Mad. Vallon au sujet d' vot' mariage, mes enfans.

PHILIPPE, *avec joie.*

Oui, mon père, attaquons, attaquons.

NINETTE, *à part.*

Hélas !

FABRICE.

N'aie donc pas peur, petite sotte. (*A Philippe.*) D'abord, elle va crier ; oh ! ça, faut s'y attendre. Elle en dira, elle en dira ! eh ! ben, laissons-la défiler son chapelet ; quand elle aura tout dit, nous parlerons, nous. Quand j' dis nous, c'est toi, Philippe, qui commenceras.

PHILIPPE.

Et pourquoi pas vous, mon père ?

FABRICE.

Non pas, jarni ! ce serait tout gâter. J' connais Claudine, c'est bien la meilleure femme ! mais il suffit que j' veuille une chose avant elle pour que... enfin, c'est ainsi que le bon Dieu l'a faite, il n'y a pas d' remède à ça.

(*Ninette dégage doucement son bras sans qu'il s'en aperçoive.*)

PHILIPPE.

Eh! bien, mon père, je parlerai d'abord.

FABRICE.

C'est ça. Moyennant l'amitié qu'elle te porte, tu pourras mieux qu' tout autre...et puis, nous lui ferons bien entendre que Ninette, toute pauvre qu'elle est, a cent fois plus de mérite pour faire une bonne femme que... (*En ce moment, Ninette, qui s'étoit approchée de la porte qui donne dans le jardin, s'échappe par la gauche en courant.*) Eh bien! eh bien! où court-elle donc? (*Appelant.*) Ninette! Ninette! Ah! bon, v'là not' femme et M. l' Bailli qui nous la ramènent.

PHILIPPE, *à part.*

C'est singulier! son empressement à nous quitter...

SCENE VII.

NINETTE, CLAUDINE, LE BAILLI, LE GREFFIER, FABRICE, PHILIPPE.

CLAUDINE, *à Ninette.*

Ah! ah! et où couriez-vous donc comme cela? est-ce qu'il n'y a plus rien à faire ici? ces assiettes, ces verres, tout cela est encore... mais c'est épouvantable! voyez donc, Mademoiselle, laisser tout ici dans l'abandon, pour courir je ne sais où; c'est affreux, on n'a jamais vu...M. le Bailli, je vous demande pardon. (*A Ninette.*) Allons, rangez ces assiettes, ces verres. Où est le panier à l'argenterie?

NINETTE, *montrant sur le buffet.*

Le voilà, Madame. (*A part.*) Il faut y renoncer pour ce moment.

CLAUDINE.

C'est bon, je vais examiner. (*Elle compte l'argenterie tandis que Ninette porte de la table sur le buffet plusieurs piles d'assiettes.*)

LE BAILLI, *à Philippe.*

Monsieur Philippe, vous avez servi avec honneur et je vous en fais mes complimens. Peste! un drapeau enlevé à l'ennemi, deux chevaux tués sous vous; c'est superbe!

CLAUDINE, *comptant.*

Neuf, dix et onze! — Allons, voilà qu'il manque une cuiller, à présent!

NINETTE.

Comment! une cuiller? (*Elle va compter.*)

CLAUDINE.

Dame! comptez vous-même. Il ne faut que onze fourchettes, elles y sont; mais il y avait douze cuillers.

NINETTE.

Dix et onze. Je n'en trouve pas davantage, j'y ai pourtant bien pris garde.

CLAUDINE, *à Ninette.*

Pas encore assez, apparemment. (*Aux autres.*) Qu'en dites-vous?

FABRICE.

Eh! ben, eh! ben; on la retrouvera, c'te cuiller.

PHILIPPE, *à Jacques qu'il aperçoit dans la cour.*

Pètit-Jacques, cours vîte sous les arbres où nous avons dîné; regarde bien si tu ne trouveras pas une cuiller.

NINETTE, *qui vient de chercher sur le buffet.*

Oh! mon Dieu! mon Dieu, que c'est désagréable!

CLAUDINE.

Certainement, certainement, c'est désagréable. Deux objets de cette valeur en quinze jours! c'est bien extraordinaire.

LE BAILLI.

Sans doute, il y a des voleurs ici. Examinons.

SCENE VIII.

Les Précédens, JACQUES.

JACQUES.

Ma marraine, j'ai eu beau regarder, chercher sous les arbres, pas plus d' cuiller que sur ma main; mais v'là c' que c'est : peut-être la cuiller aura voulu s'en aller trouver sa fourchette.

FABRICE.

L'imbécille!

CLAUDINE.

Pas tant, pas tant, notre homme; ce qu'il dit là... au surplus, voilà mon sentiment, à moi : c'est que le même accident ne peut arriver ainsi deux fois de suite, sans que... Enfin, on ne m'ôtera pas de la tête que la cuiller n'ait été volée comme la fourchette; mais quel est le voleur?

LA PIE.

Ninette, Ninette.

NINETTE.

Grand Dieu!

CLAUDINE.

Heim! qui est-ce qui parle?

JACQUES.

Ah! par exemple, faut être ben...

FABRICE, *riant.*

Ah! ah! ah! r'gardez, r'gardez, v'là d'où elle vient, c'te voix mystérieuse. C'est Margot qui, par hasard, comme à son ordinaire... Ah! ah! ah! peut-on?..

JACQUES.

Mais voyez donc, c'te vilaine bête!

CLAUDINE.

Voilà au moins qui est fort singulier.

LE BAILLI.

Très-singulier.

FABRICE, *à Ninette qui pleure.*

Eh! bien, eh! bien, Ninette? tu pleures, je crois! est-tu folle? pour qui nous prends-tu, d'imaginer que nous irons faire attention à ce qu'un oiseau bavard... (*Ninette lui montre Claudine.*) Ma femme? non, non, tu te trompes; Claudine raisonne trop bien, elle a trop d'esprit, d' justice, de bon sens pour... n'est-ce pas, ma femme?

CLAUDINE, *avec l'air du doute.*

Certainement, mon ami : je suis loin d'ajouter foi.... pardi! il faudrait être... non, non, je n'accuse personne; mais je peux soupçonner tout le monde.

JACQUES.

Tout le monde! ah! mais doucement, ma marraine, j'en suis, moi, de tout le monde, et jarni...

CLAUDINE.

On ne te parle pas, nigaud.

JACQUES, *à part.*

Tout l' monde! tout l' monde!

LE BAILLI.

Écoutez : il me sera facile en remontant à la source...

FABRICE.

Pas du tout, pas du tout, M. le Bailli; je n'emploie chez moi que d'honnêtes gens, et l'on ne m'a rien volé.

LE BAILLI.

Cependant...

CLAUDINE.

Notre homme ne sait ce qu'il dit. Il nous manque ce matin une cuiller, il faut qu'on sache ce qu'elle est devenue. M. le Bailli aura donc la complaisance de faire ici le devoir de sa charge.

LE BAILLI.

Judicieusement pensé, madame Vallon. Comment donc? il y a quinze jours, c'était une fourchette, et aujourd'hui... Allons, cela est clair, le délit existe, il y a récidive. Nous allons interroger tous vos gens, dresser procès-verbal...

PHILIPPE.

Eh non! eh non! M. le Bailli, ce n'est la peine; nous détestons les procès.

FABRICE.

Je ne veux pas qu'on griffonne de papier pour si peu de chose.

CLAUDINE.

Et moi, je le veux, Fabrice. M. le Bailli a raison; il n'y a pas de mal qu'on fasse une petite perquisition, quand ce ne serait que pour savoir à quoi s'en tenir. Si le coupable se découvre, eh bien, alors on n'est pas des Turcs, et l'on saura ce qu'il y aura à faire.

LE BAILLI.

Oh! mon Dieu, la plus petite chose du monde; on le pendra, et il n'en sera plus question.

JACQUES.

Il appelle cela une petite chose, M. le Bailli!

FABRICE, *bas à Claudine.*

Vois-tu, vois-tu, Claudine, de quoi tu serais cause, si..

CLAUDINE.

Eh! laisse-moi donc; tu ne vois pas, toi, que M. le Bailli plaisante.

LE BAILLI, *à part.*

Effrayons la perfide. (*A Claudine*). Donnez-nous du papier et de l'encre.

FABRICE.

Mais, M. l'Bailli...

CLAUDINE, *apportant le papier et l'écritoire qu'elle met sur la table devant laquelle le greffier s'est assis.*

Allons, allons, nôtre homme; je suis curieuse de voir comment M. le Bailli s'y prendra pour découvrir tout cela.

PHILIPPE.

Mais, enfin...

LE BAILLI.

Paix... (*Au Greffier*). Et vous, écrivez. (*Il s'assied.*)

FINAL.

LE BAILLI, *dictant au Greffier.*

Ce jourd'hui dans la maison
Du sieur Fabrice Vallon,
Quelqu'un aurait volé...

PHILIPPE.

Non pas, perdu.

LE BAILLI.

Paix donc.
Cela veut dire la même chose.
(*Au Greffier.*)
Mettez ainsi que l'on dépose.
(*Dictant.*)
Une cuiller d'argent qui servait à manger.

NINETTE, *à part.*

Voyez quelle manie !
Est-ce une perfidie ?
Voudrait-il se venger.

CLAUDINE, PHILIPPE, FABRICE, *à part.*

Voyez quelle manie !
Est-ce une perfidie ?
A toute force il veut juger.

LE BAILLI, *à part.*

Redoute ma furie,
Je saurai me venger.

(*A Ninette.*)

Quel est le nom de votre père.

NINETTE.

Ferdinand Villebelle.

LE BAILLI, *à part.*

O ciel, qu'ai-je entendu ?
Tout est connu, (*Il se lève.*)
Je devine le mystère:
Ce soldat était son père.

(*Bas à Ninette.*)

Mais tremblez, le téméraire,
Cherche en vain à m'échapper,
On saura bien le rattraper.

CLAUDINE, PHILIPPE, FABRICE, *au Bailli.*

Quelle énigme ?

LE BAILLI.

Cette innocente
Voulait aussi me tromper.

NINETTE, *pleurant.*

A la peine qui me tourmente,
Grand Dieu ! pourrai-je résister ?

Elle tire son mouchoir pour essuyer ses larmes, et fait tomber l'argent qu'elle a reçu du Juif.

CLAUDINE.

Mais, quel est cet argent ?

NINETTE, *ramassant vivement l'argent.*

Il est à moi, je vous assure.

CLAUDINE.

Non pas vraiment.

LE BAILLI, *au Greffier.*

Ecrivez tout cela sur notre procédure.

NINETTE, *à Claudine.*

Il est à moi, je vous le jure.

JACQUES.

Elle dit vrai, Jacob en ses mains l'a remis.

LE BAILLI.

Le Juif? Et pourquoi donc?

JACQUES.

De quelques bagatelles
Cet argent était le prix.

LE BAILLI, *à part.*

Preuves nouvelles.
De quelques bagatelles...

NINETTE.

Ah! je ne puis parler!

LE BAILLI, *à Ninette.*

Vous voilà dans l'abyme.

PHILIPPE, *au Bailli.*

Silence,
(*A Ninette.*)
Dites la vérité.

NINETTE.

Je dois vous la céler.

PHILIPPE.

De grâce répondez.

CLAUDINE.

Un mot pour ta défense.
Tu trembles.

NINETTE.

Non, j'espère.

LE BAILLI.

Inutile espérance!
Il n'est plus de remède et tout le mal est fait.

NINETTE, *à part.*

Cruel silence!
Fatal secret!

PHILIPPE.

Qu'on appelle Jacob.

JACQUES.

J'y cours et vous l'amène.

FABRICE.

Il sera sur la place.

CLAUDINE, PHILIPPE, FABRICE, *à part.*

Ah! puisse notre peine
Bientôt se terminer!

LE BAILLI, *à Ninette.*

Donnez-moi cet argent.

NINETTE.

Et pourquoi? (*à part.*) Grand Dieu, sois moi propice

LE BAILLI.

Il faut le déposer aux mains de la justice.

NINETTE, *à part.*

O funeste événement!

LE BAILLI, *à part.*

J'abaisserai ton arrogance,
Je punirai ton insolence,
Elle est soumise à ma puissance,
Et rien ne peut me la ravir.

NINETTE, *à part.*

Ma douleur et ma misère
Je saurais bien les souffrir.
Mais hélas! mon tendre père,
Je ne puis plus te secourir.

CLAUDINE, PHILIPPE, FABRICE, *à part.*

Sa douleur, sa misère,
Jusques aux pleurs vient m'attendrir.

LE BAILLI, *à part.*

Elle tremble, moi j'espère,
Rien ne peut me la ravir.

SCÈNE IX.

Les Précédens, JACOB, JACQUES.

JACOB.

Vous demandez Jacob.

LE BAILLI, *assis.*

Oui, tantôt de Ninette
Qu'avez-vous acheté?

JACOB.

Une cuiller, avec une fourchette.

PHILIPPE, *consterné.*

Seriez-vous coupable, Ninette?

A part.

Non, non, je ne puis douter de sa probité.

CLAUDINE, FABRICE, *à part.*

Ninette est coupable,
La honte l'accable,
Et nous savons enfin la triste vérité.

JACQUES, *à part.*

Si j'avais pu savoir... serait-elle coupable?
Non, qui pourrait douter de tant de probité?

LE BAILLI, *à part.*

Ninette est coupable,
La honte l'accable,
Et nous savons enfin toute la vérité.

NINETTE, *à Jacob.*

Où donc est le couvert? Montrez-le et l'on verra.

JACOB.

Que me demandez-vous? Il est vendu déjà.

NINETTE.

Cruelle destinée!

LE BAILLI, *au Greffier.*

Ecrivez-donc, dépêchez-vous.

PHILIPPE, *à Jacob.*

Quel en était le chiffre?

NINETTE, *à part.*

Infortunée!
Mêmes lettres!... Le sort m'accable de ses coups.

LE BAILLI, *à Jacob.*

Quel en était le chiffre?

JACOB.

Un F, avec un V.

(*Le Greffier se lève et sort.*)

NINETTE, *à part.*

Plus d'espérance!
Funeste apparence!
Oui, sur moi la vengeance
Va porter ses coups.

CLAUDINE, JACQUES, PHILIPPE, FABRICE, *à part.*

Plus d'espérance!
Quelle souffrance!
Pour sa défense,
Hélas que pouvons-nous?

LE BAILLI, *à part.* (*Il se lève.*)

Que ma menace,
D'effroi te glace,
Tu viendras demander grâce,
A mes genoux.

SCENE X.

Les Précédens, Le GREFFIER *suivi de plusieurs Gendarmes, Paysans et Paysannes.*

PHILIPPE.

Mais quel bruit ?

TOUS, *excepté le Bailli.*

Les Gendarmes !

TOUS, *au Bailli.*

Soyez touché de ses alarmes.
A nos prières rendez-vous.

LE BAILLI, *aux Gendarmes, en leur montrant Ninette.*

En prison il faut la conduire.

NINETTE.

O ciel !

LE BAILLI, *aux Gendarmes.*

Obéissez.

PHILIPPE, *aux mêmes.*

Gardez-vous d'approcher.

CLAUDINE, JACQUES, FABRICE, *aux mêmes.*

Arrêtez.

LE BAILLI.

Non. De ces lieux il faut l'arracher.

PHILIPPE, *au Bailli.*

A nos vœux daignez souscrire.

LE BAILLI.

Non. Je suis sourd, rien ne peut me toucher.

NINETTE, *à part.*

Les regrets, la douleur, l'épouvante,
Me déchirent, m'arrachent le cœur.

PHILIPPE, *à part.*

O transport ! ô rage impuissante,
Je crains tout de sa fureur.

LE BAILLI, *à part.*

Le danger qui l'épouvante,
Me rend maître de son cœur.

CLAUDINE, JACQUES, FABRICE, JACOB, *à part.*

Les regrets, la douleur, l'épouvante,
Me déchirent, m'arrachent le cœur.

NINETTE, *se jetant dans les bras de Philippe.*

Ah ! Philippe !

PHILIPPE.

Ninette !

FABRICE.

Hélas !

LE BAILLI.

Qu'on les sépare.

NINETTE, *aux Gendarmes qui la saisissent.*

Laissez-moi.

TOUS.

Le barbare !

LE BAILLI.

Conduisez-la.

TOUS.

Monsieur !

LE BAILLI.

Allons,
Entraînez-la.

TOUS.

Ninette !

NINETTE.

Adieu !

LE BAILLI.

Mais finissons.

TOUS, *à part.*

Les regrets, la douleur, l'épouvante,
Me déchirent, m'arrachent le cœur.

PHILIPPE, *à part.*

O transport ! ô rage impuissante,
Je crains tout de sa fureur.

LE BAILLI, *à part.*

Le danger qui l'épouvante,
Me rend maître de son cœur.

NINETTE, *à part.*

Vous voyez les fureurs d'un barbare,
Grand Dieu ! prenez pitié de mon destin.

LE BAILLI, *à part.*

Ah! déjà mon bonheur se prépare,
Et je souris à mon destin.

TOUS, *à part.*

Je voudrais la venger d'un barbare,
Et le frapper d'un poignard dans le sein.

Les Gendarmes emmènent Ninette et Jacob, en traversant la foule des villageois qui s'écartent pour les laisser passer. Le Bailli sort avec son greffier; Claudine reste le visage caché dans son mouchoir; Fabrice retient son fils qui veut se précipiter sur les pas de Ninette; Jacques se désole. Le rideau tombe.

FIN DU SECOND ACTE.

ACTE III.

Le Théâtre représente une Prison.

SCÈNE PREMIÈRE

NINETTE.

RECITATIF.

Ah! dans l'excès de ma misère,
Ce n'est point la mort que je crains :
Grand Dieu! que deviendra mon trop malheureux père?
Sans secours, sans asyle, en proie à ses chagrins.

ROMANCE.

Oui, ta fille chérie,
Sans plainte et sans regret,
Même au prix de sa vie,
Gardera ton secret.

Tu peux croire à mon crime,
Philippe, cher amant,
Ah! perdre ton estime,
Est un cruel tourment.

La funeste apparence
Cause tous mes malheurs,
Qu'un jour mon innocence
Fera verser de pleurs!

SCÈNE II.

NINETTE, BERTRAND.

NINETTE.

Pourriez-vous, M. le Geolier, faire dire à Petit-Jacques, le filleul de madame Vallon, que je voudrais lui parler?

BERTRAND, *hésitant.*

Hum! je ne sais pas... Cependant, je ne risque rien de l'envoyer prévenir.. quand il sera venu... nous verrons.. je tâcherai...

Il sort.

SCENE III.

NINETTE.

Cet honnête garçon me rendra cet important service; M. Fabrice, Philippe, voudraient des explications que je ne puis leur donner. Petit-Jacques seul peut aveuglément, et sans exiger que je lui en dévoile le mystère, vendre cette croix (*elle montre la croix qu'elle a à son cou*) pour en faire tenir le prix à mon père. Fasse le Ciel qu'il puisse fuir, avant de connaître la déplorable aventure de sa fille!

SCÈNE IV.

NINETTE, PHILIPPE.

PHILIPPE.

Ma chère amie!

NINETTE.

Ah, Philippe! vous ne m'avez donc point encore abandonnée?

PHILIPPE.

Pardonne-moi mon irrésolution, chère Ninette; mais l'idée du crime dont je t'ai vu accusée, la force des présomptions que tu refuses de détruire, avaient brisé mon cœur, troublé ma tête, égaré ma raison., Je voulais repartir sur le champ, et aller chercher en furieux la mort dans les combats; mais j'ai desiré te voir auparavant, t'interroger moi-même pour apprendre enfin comment il a pu se faire...... Réponds-moi vîte, Ninette, es-tu coupable?

NINETTE, *avec dignité.*

Non, Philippe.

PHILIPPE.

Mais par quelle fatalité?..

NINETTE.

Je ne puis rien prouver, rien indiquer, rien fournir pour ma défense; il faut me taire, implorer le secours du Ciel, et plaindre l'erreur des hommes.

PHILIPPE.

Tu gardes donc un secret dont la révélation pourrait te justifier! et tu refuses de le confier à l'ami de ton cœur, à celui qui donnerait sa vie pour sauver la tienne!

NINETTE.

Mon cher Philippe, n'augmente pas encore mes regrets et mon désespoir; ce secret, que tu me demandes, n'est pas le mien; d'ailleurs, en ce moment, que me servirait de parler? je n'ai qu'un témoignage à invoquer, et c'est celui d'un malheureux qui, dans la position où il se trouve, n'inspirerait aucune confiance; il se perdrait sans me sauver: non, non, je dois me taire, le devoir, la prudence, mon serment, tout l'exige.

PHILIPPE.

Apprends que le Grand-Prévôt vient d'arriver. Le Bailli qui te persécute, mon père m'a tout conté, l'odieux Bailli va te dénoncer à son tribunal. Tu ne sais pas avec quelle effrayante promptitude les jugemens du Grand-Prévôt sont prononcés et s'exécutent! Il est possible que ce jour même...

NINETTE.

Je sois condamnée! Hélas! un temps viendra peut-être où mon innocence sera reconnue; mais, pour jouir de ce triomphe, la pauvre Ninette ne sera plus là.

PHILIPPE.

Tu me fais frémir. (*à part.*) Non, non, cela n'est pas possible; on ne peut imiter cet accent de vérité, cette candeur...

NINETTE, *hésitant.*

Mon ami... si je succombe, que penseras-tu de moi?

PHILIPPE.

Que tu es innocente.

NINETTE.

O mon dieu! je ne mourrai donc pas sans consolation!

SCENE V.

Les Mêmes, BERTRAND, ensuite le BAILLI.

BERTRAND.

Bien fâché de vous interrompre. (*à Philippe.*) Il faut vous retirer, M. le Bailli me fait dire qu'il vient interroger Mademoiselle encore une fois, avant de remettre la procédure au Grand-Prévôt.

NINETTE.

Adieu, Philippe.

PHILIPPE.

Adieu, ma chère Ninette.

BERTRAND.

J'entends du bruit là bas, c'est le Bailli; sortez, sortez vite.

NINETTE, *d'une voix étouffée.*

Adieu.

PHILIPPE.

Adieu... adieu. Oui, je sors, car à la vue du Bailli je ne pourrais contenir ma colère. Mais le perfide me verra au tribunal du Grand-Prévôt, qu'il tremble! (*Le Bailli entre et reste dans le fond*) il m'entendra défendre la cause de l'innocence, il m'entendra dévoiler les honteux motifs de l'acharnement qu'il met à la poursuivre.

LE BAILLI, *s'avançant.*

Monsieur Philippe !

NINETTE, *à part.*

O ciel !

PHILIPPE.

Ah ! vous voilà, M. le Bailli; si vous m'avez entendu, tant mieux; je parlais de vous, au revoir.

Il sort, Bertrand le suit.

SCÈNE VI.

NINETTE, LE BAILLI.

LE BAILLI.

Monsieur Philippe ! prenez garde à vous, vous pourriez bien... (*à Ninette*) Approchez, Ninette. (*à part*) Respirons un moment. Cet insolent m'a troublé au point... La voilà donc ! pourquoi faut-il qu'elle me paraisse plus belle que jamais.

NINETTE.

Hélas ! que me veut-il encore ?

LE BAILLI, *se remettant peu à peu.*

Ninette, écoutez-moi; vous me voyez désespéré, le Grand Prévôt est arrivé; il va prendre connaissance du procès-verbal qui vous inculpe. Je voudrais vous sauver, quoique cela soit maintenant fort difficile... au reste, croyez bien que toute la vengeance que je prétendais tirer de vos dédains offensans, devait se borner à vous tourmenter un peu; mais, je vous l'avoue, j'étais loin d'imaginer que vous fussiez réellement coupable.

NINETTE.

Moi, coupable ! et vous le croyez, M. le Bailli ?

LE BAILLI.

Qui pourrait en douter après la déclaration du Juif ? elle est foudroyante; et, certes, je ne m'y attendais pas.

NINETTE.

Tout se réunit pour m'accuser, j'en conviens, et cependant je suis innocente.

LE BAILLI.

Je le veux croire, et vous pouvez encore tout attendre du désir que j'ai de vous obliger; oui, j'y suis résolu. Je veux, dès aujourd'hui, faire ouvrir votre prison.

NINETTE.

Monsieur le Bailli, je ne prétends en sortir qu'avec l'assurance qu'on aura cessé de me croire coupable d'un crime si honteux.

LE BAILLI.

C'est bien ainsi que je l'entends.

AIR.

Oui, Ninette, cette promesse
Vient d'un cœur qui pour vous s'intéresse;
Mais ma flamme et ma tendresse,
Doivent enfin vous toucher.
Calmez le trouble qui vous presse,
De ces lieux je puis vous arracher.
Fiez-vous à ma promesse,
Mais ma flamme et ma tendresse,
Doivent enfin vous toucher.

NINETTE.

Non, jamais.

LE BAILLI.

Tremblez, ingrate!
Il est temps que mon courroux éclate,
Et je vous livre à vos regrets.
Oui, l'heure s'avance,
Bientôt la sentence
Sera rendue, et sans retour.
Alors plus de clémence,
Et je mettrai dans ma vengeance,
Toute l'ardeur de mon amour.

Le tambour bat en dehors.

Entendez le signal, le tribunal s'assemble.

NINETTE.

Eh bien! à son aspect croyez-vous que je tremble?

LE BAILLI.

Suivez mes pas.

NINETTE.

Affreux destin !

LE BAILLI.

Unissons-nous.

NINETTE.

Lien funeste !

LE BAILLI.

Je t'aime encor.

NINETTE.

Je te déteste.

LE BAILLI.

Je suis toujours...

NINETTE.

Mon assassin.

LE BAILLI, *à voix concentrée et donnant, par dégrés, plus de force à sa menace.*

Mais, l'heure s'avance,
Bientôt la sentence
Sera rendue et sans retour.
Alors, plus de clémence,
Et je mettrai dans ma vengeance,
Toute l'ardeur de mon amour.

Il sort furieux.

SCENE VII.

NINETTE, BERTRAND, JACQUES.

BERTRAND.

Petit-Jacques est là, Mademoiselle, je vais lui dire d'entrer.

NINETTE.

Il suffit, qu'il approche, et laissez-nous, M. Bertrand.

BERTRAND.

Entrez, Petit-Jacques, voilà...

Il lui montre Ninette et sort.

JACQUES, *s'approchant tristement.*

La v'là donc... c'te pauvre fille... la v'là.

NINETTE, *à part.*

Oui, oui, je puis compter sur lui.

JACQUES, *les larmes aux yeux.*

Mam'selle Ninette... c'est moi.

NINETTE.

Petit-Jacques, tu peux me rendre un bien grand service; mais promets-moi de faire ce que je te dirai, sans chercher à découvrir la raison qui m'oblige à t'en prier.

JACQUES.

J' vous l' promets, Mam'selle.

NINETTE.

Tu as vu ce matin qu'on m'a pris l'argent qui m'appartenait bien légitimement, et dont j'avais le plus pressant besoin.

JACQUES.

J' vois c' que c'est : il s'agit de l' remplacer. Eh! par i, vous n'avez qu'à dire, tout c' que j' possède est bien à vot' service.

NINETTE, *détachant sa croix d'or.*

Que le ciel me préserve de vouloir abuser de ton bon cœur, je ne te demande que l'avance d'une somme pareille à celle que j'ai perdue, et que tu porteras où je te dirai. Voilà ma croix qui vaut au moins...

JACQUES, *repoussant la main de Ninette.*

Doucement, doucement, entendons-nous; où faut-il que j'porte c't argent?

NINETTE.

Connais-tu, à la sortie du village, un vieux saule creux?

JACQUES.

Si je le connais! c'est là, quand j'étais p'tit garçon, que...

NINETTE.

Eh bien, c'est dans cet arbre que je te supplie de déposer l'argent avant la fin du jour.

JACQUES, *étonné.*

Ah! dans le creux du vieux saule!

NINETTE.

Oui, mais qu'on ne te voie pas, et surtout garde-toi d'avoir la curiosité de rester à portée de découvrir la personne qui doit aller le prendre.

JACQUES.

C'est singulier! c'est donc...

NINETTE.

Tu m'as promis de ne me faire aucune question.

JACQUES.

C'est juste. J'tiendrai parole, comme aussi d'm'empêcher d'être curieux.

NINETTE.

Tu me le jures?

JACQUES.

J'vous l'jure. Oh! d'abord, j'sis bien tranquille. C'est, je l'gagerais, une bonne action que j'vous aide à faire là; quoiqu'en disent ces hommes noirs, vous n'savez pas en faire d'autres. Ainsi, v'là qu'est dit; avant une heure, la personne peut aller voir si j'ai bien fait vout'commission.

(*Il va pour sortir*).

NINETTE.

Petit-Jacques! et ma croix que tu oublies.

JACQUES.

Je n'oublie rien. Gardez vout'croix, mam'selle, je ne la prendrai pas.

NINETTE, *le retenant.*

Si tu me refuses, je n'accepte pas ton service.

JACQUES.

Ah! par exemple, j'vous en défie. A présent que j'sais c'que j'dois faire, j'nai plus besoin d'vout'permission.

NINETTE, *en lui donnant sa croix.*

DUO.

En mémoire de moi garde cet ornement,
On va me l'enlever peut-être aujourd'hui même.

JACQUES.

Ah! de grâce calmez ce désespoir extrême,
Et fiez-vous à mon pressentiment.

NINETTE.

Des mains de l'amitié reçois ce triste gage,
Aurais-tu le courage,
De refuser encor?

JACQUES, *prenant la croix.*

Je sens le prix d'une faveur si chère,
(*Baisant la croix.*)
Tu resteras, j'espère,
Sur moi jusqu'à la mort!

Ensemble.

La crainte, les alarmes
S'emparent de mon cœur.
Je sens couler mes larmes,
Je cède à ma douleur.

NINETTE, *lui donnant un anneau.*

A Philippe, je t'en prie,
Va remettre cet anneau.

JACQUES.

Je n'ai vu de ma vie,
Un dévouement si beau.

NINETTE.

Dis-lui bien que je l'adore,
Que je l'aimai jusqu'au tombeau...
Le chagrin qui me dévore...
Je m'égare... et mes sens éperdus...
Non, non... je ne le verrai plus.

JACQUES.

Ah! calmez-vous de grâce!
C'est vainement qu'on vous menace.
Je ferai tout.

NINETTE.

Souviens-toi bien.

JACQUES.

Comptez sur moi,
Je vous en donne ici ma foi.

NINETTE.

Mon cher Jacques... adieu.

JACQUES, *à part, en sanglottant.*

Sortons, car si je reste,
Je perds et la force et la voix.

Jacques va pour sortir; Ninette se retire dans le fond de la scène du côté opposé; avant de passer la porte, Jacques se retourne et jette un dernier regard à Ninette; celle-ci l'aperçoit: emportés par la force du sentiment, ils se rapprochent, s'embrassent, et reviennent sur le devant de la scène.

ENSEMBLE, *avec force et exaltation.*

De nos adieux, voici l'instant funeste,
Nous nous voyons pour la dernière fois.

A part. Plus d'espérance
Pour mon cœur,
Divine Providence!
Aux pleurs de l'innocence,
Accorde ta faveur!

Jacques sort; Ninette se retire, à gauche, dans l'intérieur de la prison. La décoration change.

SCENE VIII.

Le théâtre représente la place du village. A droite, dans le fond, est la porte du baillage; on en descend par plusieurs marches. Au-delà du baillage, est une rue; vis-à-vis, une autre rue qui passe derrière l'église. Dans le fond, aussi à droite, est un banc de pierre, et une porte rustique; c'est celle de l'enclos de la ferme de Fabrice. A gauche, on voit le clocher et une partie de l'église. Il y a, vers le haut du clocher, un échafaudage pour des réparations.

FERDINAND.

O ciel! n'est-ce pas le nom de ma fille que l'on vient de prononcer avec l'air de la plaindre? que signifie... pourquoi m'alarmer? d'autres peuvent aussi se nommer Ninette. Cependant, je ne puis résister à mon inquiétude. Ma fille qui n'est point encore venue... Je ne sais que penser. Ah! je connais son cœur. Sans un obstacle insurmontable, elle m'aurait fait savoir par un billet... mais quel peut être cet obstacle? pourvu qu'il ne lui soit point arrivé quelque malheur, à cette chère enfant! il faut que je la revoie. Je sais quel danger je cours en m'aventurant de jour dans ce village. Mais, n'importe, je veux absolument... eh! mais n'est-ce pas la fermière que je vois venir? c'est elle-même, c'est madame Vallon! elle va m'apprendre, sans doute....

SCÈNE IX.

CLAUDINE, FERDINAND, ensuite chœur de villageoises.

CLAUDINE.

Que vois-je? ciel! Ferdinand!

FERDINAND.

D'où vient votre surprise?... Ninette...

CLAUDINE, *pleurant.*

Ninette? ah! fuyez de ces lieux.

FERDINAND.

Mais, pourquoi ces larmes?

CLAUDINE.

Ne m'interrogez pas.

FERDINAND.

Vous me glacez de crainte... ma fille... eh bien, répondez; que lui est-il arrivé?

CLAUDINE.

On l'accuse d'avoir volé...

FERDINAND.

Vol... c'est impossible. Où donc est-elle?

CLAUDINE.

Devant le tribunal... on la juge peut-être dans ce moment.

FERDINAND.

Qu'ai-je entendu? grand Dieu!

AIR et CHŒUR.

O nouvelle effroyable!
Le malheur qui m'accable,
N'a donc pas du destin désarmé la rigueur!
Pour toi seule, ô fille chérie!
Ton père en ce jour supportait sa douleur.
Te consacrer sa vie,
C'était le seul espoir qui vint charmer son cœur.

CHOEUR *de femmes qui sortent du baillage.*

O ciel!

FERDINAND.

Quels cris?

CHOEUR.

Ninette!

FERDINAND.

Eh bien?

CHOEUR.

Sa perte est certaine.

FERDINAND

Et moi je puis survivre à l'excès de ma peine!
Est-il un père hélas, plus malheureux que moi!

CHOEUR, *à Claudine.*

Son père?

FERDINAND, *à part.*

Qu'ai-je dit?

CHOEUR.

Son père?

CLAUDINE.

C'est lui-même.

FERDINAND, *à Claudine mystérieusement, et avec le plus grand trouble.*

Silence! ô trouble extrême!
(*A part.*)
Condamné, poursuivi, quel secours implorer!
Je ne sais que résoudre et je n'ose espérer.

CHOEUR.

Son père lui-même,
Ne peut la sauver.

FERDINAND.

Quoi? vainement je voudrais te sauver!
La nature l'emporte et je cours te défendre.
Sa voix s'est fait entendre
Je vais en ce moment me perdre et te sauver.

CHOEUR.

Ninette, il va te défendre,
Ah quel bonheur s'il pouvait te sauver!

Ferdinand entre au baillage. Un gendarme, qui l'a épié pendant cette scène, le suit. Claudine sort avec le chœur.

SCENE X.

JACQUES, *rentrant par la gauche.*

J'viens d'mettre l'argent dans l'vieux saule. A présent, j'sis curieux d'voir à quoi se monte nout'petite fortune. L'compte n'sera pas long. Asseyons-nous ici. (*Il s'assied sur le banc de pierre, et compte son argent*). Une, deux, trois... oh! tatigué! j'sis plus riche que je n'croyais. Et toutes ces petites pièces donc! Une, deux... ah! v'là cette jolie pièce de vingt-quatre sous toute neuve. C'est Ninette qui me l'a donnée un jour que... (*A part*). Cette pièce-là, c'est pour mettre avec sa croix. (*Il la met à l'écart La Pie paraît à la porte de l'enclos*). Eh, eh! Margot, qu'est-ce que tu viens faire ici, toi? mais voyez donc, c'te vilaine Pie qui vous suit partout! approche, que j'te...

SCÈNE XI.

JACQUES, GEORGET.

JACQUES.

Ah! c'est toi, Georget. Eh bien, queu'nouvelle? viens-tu du tribunal?

GEORGET.

Ah mon Dieu, oui. La pauvre Ninette... j'ai entendu lire sa sentence.

JACQUES.

Bah! et elle est condamnée...

GEORGET.

A mort, mon cher Petit-Jacques, et, pour surcroît de malheur, son père, qui accourait pour la défendre, vient d'être arrêté dans la salle du baillage, sans qu'on ait voulu l'écouter; ça fait saigner l'cœur.

JACQUES, *se levant pour ramasser son argent.*

Mais, c'est une abomination ça! tiens, Georget, j'voudrais, pour tout c'que j'ai là de vaillant, que ton damné Bailli...

(*Tandis qu'il parle, la Pie vient sur le banc, prend dans son bec la pièce de vingt-quatre sous, et s'envole vers l'église.*

GEORGET, *montrant la Pie.*

R'garde donc, r'garde donc, Jacques.

JACQUES.

Eh, eh! veux tu bien lâcher... Margot? Margot? la maudite bête! ne v'là-t-il pas qu'elle m'a emporté ma belle pièce de vingt-quat'sous toute neuve! jarni, une pièce que j'n'aurais pas donnée pour...

GEORGET.

Oh! le bon tour, le bon tour!...

JACQUES.

Oui, oui, j'te conseille de rire, tandis que j'enrage. Eh, tiens, la v'là là-haut, cette voleuse insigne, la v'là tout auprès de l'échafaudage. Si j'pouvais grimper jusque là, j'ai remarqué l'endroit, peut-être ben que je retrouverais ma belle petite pièce. Voyons un peu. (*Il va pousser la porte du clocher*). Bon! ces ouvriers, qui travaillent au clocher, ont justement laissé la porte ouverte; attends, attends, Margot, si j't'attrape, j'te réponds bien que tu me l'payeras.

(*Il entre dans le clocher*).

GEORGET.

Il croit bonnement qu'la Pie va l'attendre. Allons, v'là qu'on sort du baillage. C'est donc fini pour c'te pauvre Ninette.

SCÈNE XII.

NINETTE, Habitans de Palaiseau, *qui entrent sur la scène par la porte du baillage et par les autres avenues, et se rassemblent dans le fond. On conduit Ninette au supplice; les gendarmes, précédés d'un tambour, ouvrent la marche. Ninette paraît ensuite suivie par d'autres gendarmes, sort du baillage, et s'achemine lentement vers la rue qui passe derrière l'église. Ninette est précédée et suivie par les habitans du village.*

CHOEUR.

O victime déplorable !
O destin plein de rigueurs !
Cette mort si redoutable,
Est la fin de tes malheurs.

NINETTE, *arrivée au milieu de la scène, se met à genoux devant l'église.*

Ciel, exauce ma priere!
Je me résigne à l'horreur de mon sort.
De grâce protège mon père!
J'emporte cet espoir en marchant à la mort.

(*Le chef des Gendarmes l'aide à se relever.*)

Conduisez-moi... La mort est-elle redoutable,
Quand elle finit nos malheurs.

CHOEUR.

O victime déplorable !
O destin plein de rigueurs !
Cette mort si redoutable
Est la fin de tes malheurs.

La marche s'éloigne; la foule l'accompagne; Georget s'assied sur le banc de pierre, et paraît affligé.

SCÈNE XIII.

JACQUES *dans le clocher*, GEORGET, plusieurs Paysans, ensuite FABRICE, PHILIPPE, CLAUDINE, le CHŒUR.

JACQUES, *sur l'échafaudage, tirant quelque chose d'un trou dans lequel il vient d'enfoncer son bras.*

Oh! jarniguienne! holà! hé Georget? Ninette est innocente. (*Montrant le couvert*). R'gardez, r'gardez c'que j'viens d'trouver.

GEORGET, *aux paysans.*

Que nous montre-t-il là?

JACQUES.

Eh, mais mon Dieu! où vont-ils la conduire? (*Criant de toutes ses forces*). Arrêtez, arrêtez là-bas, vous autres. (*A lui-même*). Ils ne m'entendent pas; un moment, un moment, j'vas...

(*Il rentre à moitié dans le clocher par les abat-vents, et fait sonner une cloche*).

CHOEUR.

GEORGET.

Pourquoi sonner cette cloche bruyante?

CLAUDINE, PHILIPPE, FABRICE.

Qu'est-ce donc? Qu'est-il arrivé?

JACQUES.

Ninette est innocente,
Cuiller, fourchette, argent, tout est trouvé.

TOUS.

O ciel! tout est trouvé!

JACQUES, *cessant de sonner.*

Ninette est innocente... courez, courez donc leur dire... v'là votre couvert, ma marraine, et ma pièce de vingt-quat'sous toute neuve; c'est votre Pie qui me les avait volés.

PHILIPPE.

Juste ciel!

JACQUES.

Tendez vot'tablier, ma marraine.

(*Il jette le couvert sur le tablier de Claudine*).

FABRICE, *prenant vivement le couvert.*

O mon Dieu! c'est cela même.

(*Il emporte le couvert, et sort en courant avec Philippe; Jacques se remet à sonner*).

SCENE XIV.

LE BAILLI, CLAUDINE, GEORGET, Villageois, JACQUES *dans le clocher.*

LE BAILLI.

Pour sonner cette cloche bruyante?
Qu'est-ce donc? Qu'est-il arrivé?

CLAUDINE.

Ninette est innocente;
Cuiller, fourchette, argent, tout est trouvé.

LE BAILLI.

O Ciel! tout est trouvé.

CLAUDINE.

M. le Bailli, vous me voyez au comble de la joie. Ninette est innocente. Oui, oui, M. le Bailli, mon couvert est retrouvé. Oh! c'est un coup du Ciel.

LE BAILLI.

Comment, comment? votre couvert, dites-vous...

GEORGET.

Oui, M. le Bailli, j'en sommes tous témoins.

LE BAILLI.

C'est incroyable.

JACQUES.

Ah bon! la v'là! place, place, v'là mam'selle Ninette qu'on amène en triomphe. C'est ça, morgué! v'là ce qu'elle méritait.

SCÈNE XV.

Les Précédens, NINETTE, FABRICE, PHILIPPE, Villageois, Gendarmes, ensuite FERDINAND, et un Soldat *portant le même uniforme que lui.*

FABRICE.

M. le Bailli, c'est du consentement du Grand-Prévôt à qui nous avons tous répondu de Ninette, que nous la ramenons (*Montrant le couvert*). Voici la preuve de son innocence; la Pie de madame Vallon l'avait caché dans le clocher.

JACQUES.

Et c'est moi qui ai trouvé la Pie au nid.

TOUS.

Bien, P'tit-Jacques, bien, bien.

LE BAILLI.

Silence, silence! voudra-t-on m'expliquer enfin...

TOUS.

Ninette est innocente. Ninette est innocente.

FERDINAND, *suivi du soldat.*

Ma fille est innocente.

NINETTE, *courant dans ses bras.*

Mon père!

LE BAILLI.

Que vois-je? on a laissé échapper ce prisonnier!

(*Le soldat, camarade de Ferdinand, remet un papier au Bailli*).

FERDINAND.

Lisez, M. le Bailli. (*A Ninette, tandis que le Bailli parcourt le papier*). Chère enfant, c'est pour moi que tu gardais le silence et que tu marchais à la mort.

LE BAILLI, *à lui-même achevant de lire.*

Sa grâce! c'est différent!

NINETTE.

Ah, mon père! (*A Philippe*). C'était là mon secret, Philippe. (*Se retournant*). Mais, où donc est Petit-Jacques.

JACQUES, *arrivant sur la scène par la porte du clocher.*

Le v'là, le v'là.

CLAUDINE, *à Ninette.*

Aimable enfant, j'ai bien des torts; mais une fille pardonne tout à sa mère : sois donc ma fille, chère Ninette.

(*Ninette et Philippe l'embrassent*).

FABRICE.

Bien, bien, femme; j'te remercie de m'avoir prévenu.

LE BAILLI, *à part.*

Trop heureux Philippe!

JACQUES.

M. le Bailli, si vous êtes si fâché d'avoir perdu vout'peine, (*montrant le clocher*), allons vîte; une bonne sentence contre Margot; faites-la pendre, ça sera justice : elle l'a bien mérité.

LE BAILLI.

Eh! morbleu!...

FABRICE.

Allons, mes amis, v'nez tous à la ferme m'aider à célébrer le triomphe de Ninette et le bonheur de Philippe.

FERDINAND.

Un furieux orage
M'accablait de sa rage,
Nous touchons au rivage,
Pour nous quel bonheur.

CHOEUR GÉNÉRAL.

Ici tout vous présage
La paix et le bonheur,

PHILIPPE, NINETTE.

Un furieux orage
M'accablait de sa rage,
Nous touchons au rivage,
Pour nous quel bonheur.

CHOEUR GÉNÉRAL.

Ici tout vous présage
La paix et le bonheur.

FIN.

OBSERVATIONS.

Page 24, *ligne* 8, *lisez* : Ferdinand. Après.

Page 25, *ligne* 20 : *Ferdinand sort, monte la colline, et de là, voyant ce qui se passe sur la scène entre le Bailli et Ninette il revient sur ses pas, et se met aux aguets derrière la haie.*

Pendant le finale, le Bailli s'assied d'abord, se lève et s'assied ensuite selon qu'il interroge ou que ses récits l'amènent sur le devant de la scène. Dans ses momens de silence, il examine la procédure, consulte son greffier et lui donne enfin l'ordre d'aller chercher la force armée.

RÉPERTOIRE

D'OPÉRAS TRADUITS PAR M. CASTIL-BLAZE.

N°. 1. Les Noces de Figaro, musique de Mozart.
N.° 2. Don Juan, *id.* Mozart.
N.° 3. Le Barbier de Séville, *id.* Rossini.
N.° 4. Le Mariage Secret, *id.* Cimarosa.
N.° 5. Moïse en Egypte, *id.* Rossini.
N.° 6. La Pie Voleuse, *id.* Rossini.

Les partitions de ces Opéras ont été publiées, celle de *Moïse en Egypte* est sous presse, ainsi que celle de *La Flûte Enchantée*. Le succès prodigieux du *Barbier de Séville*, l'empressement extraordinaire que MM. les directeurs de spectacles mettent à offrir au public le bel opéra de *La Pie Voleuse*, engageront peut-être le traducteur à publier incessamment et avant *La Flûte Enchantée*, *Les Folies Amoureuses* de Rossini. Il faut profiter de la faveur dont jouit cet aimable compositeur. Le succès de Mozart est toujours certain.

www.ingramcontent.com/pod-product-compliance
Ingram Content Group UK Ltd.
Pitfield, Milton Keynes, MK11 3LW, UK
UKHW031948260826
14628UKWH00004B/1939

9 782019 678920